दिल के पैमाने से

अस्तो मा सदगम्य

डॉ शिववरण सिंह रघुवंशी

BlueRose
Publishers

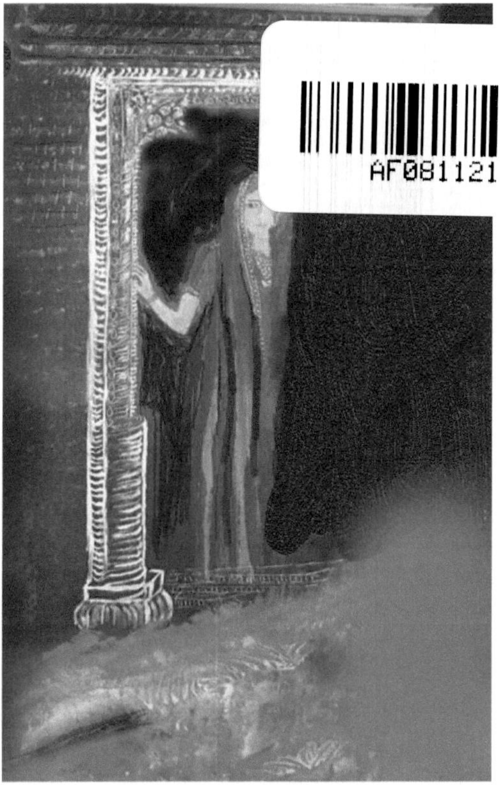

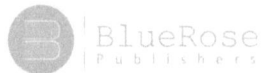

© Dr. Shivvaran singh Raghuvanshi 2019

All rights reserved

All rights reserved by author. No part of this publication may be reproduced, stored in a retrieval system or transmitted in any form or by any means, electronic, mechanical, photocopying, recording or otherwise, without the prior permission of the author. Although every precaution has been taken to verify the accuracy of the information contained herein, the author and publisher assume no responsibility for any errors or omissions. No liability is assumed for damages that may result from the use of information contained within.

First Published in May 2019

ISBN: 978-93-5347-400-3

Price: INR 180/-

BLUE ROSE PUBLISHERS
www.bluerosepublishers.com
info@bluerosepublishers.com
+91 8882 898 898

Cover Design:
Dr. Shivvaran singh Raghuvanshi

Typographic Design:
Tanya Raj Upadhyay

Distributed by: Blue Rose, Amazon, Flipkart, Shopclues

Dedication

This book is dedicated to my late mother, father, late brothers and sister.

This book I have completed while staying with our children in San Diego, USA. I dedicate this book to my children both daughter and son, son-in-law, daughter-in-law and grandchildren and to my family who always stood by me throughout my struggles.

I am indebted to all including my poet/poetess friends who always inspired me for writing this book.

दो शब्द

मुझे शेर, शायरी, गजल, नज़्म का शौक बहुत ही शुरू में कॉलेज के दिनों से ही हो गया था। मुझे लगता है कि जो बात आप महसूस करते हैं और कह नहीं पाते वह बात आप शेर, शायरी या कविता के माध्यम द्वारा बहुत सलीके से न केवल व्यक्त कर लेते हैं बल्कि भावनाएं भी ला सकते हैं। इस किताब में मैंने उन्ही कुछ जज्बातों को गजल के माध्यम से लिखने का प्रयास किया है और आशा करता हूँ कि यह जिज्ञासुओं और पाठकों को पसंद आएगी।
हर इंसान के दिल में समय समय पर बहुत जज्बात उभर आते हैं, वे प्यार, मोहब्बत, दुःख, सुख, यातना, तड़पन, इनायत, जलन, द्वेष, क्रीड़ा, जोश, त्याग, आराधना जैसी कई भावनाएं के हो सकते हैं और अनगिनत होते हैं, मैंने उन्ही कुछ भावनाओं को इस छोटी किताब में रखने का प्रयास मात्र अपने ही ढंग से किया है। आज के तीव्रता से बदलते हुए टेक्नोलॉजी के दौर में समाज में कई भावनाएं पीछे न रह जाएँ, जोश कम न रह जाए इस बात को ध्यान में रखते हुए मैंने ग़ज़लों को लेखनी बद्ध करने का प्रयास किया है। कई भावनाएं हैं जिन्हे मैंने इस किताब में लिखने का प्रयास किया है, जैसे कि उदाहरणार्थ दिल, दिमाग, दोस्त, मुकाम, मंज़िल, चिराग, अपने, पराये, वक़्त, आंसू, हिकायतें, प्यार, चोटें, शख्स, जख्म, मंसूबे, सादगी, गुमान, दर्द, मयखाना, फरिस्ते, शबाब, शोख, मय्यत, हुजूम, रूह, रूहों का हिसाब, गद्दारी आदि। इन सभी विषयों पर अलग-अलग भावनाओं, जज्बातों को जीवन से जोड़कर भी लिखा है और कुछ रेखा चित्र भी पेश किये हैं। इंसान अपने जीवन में हमेशा ही कुछ न कुछ ढूंढता ही रहता है इन विषयों को ध्यान में रख करके भी कुछ ग़ज़लें लिखी हैं जैसे कि उदाहरणार्थ जुस्तजू, सफीना, जमीं-जायदाद का गुमा, शहंशा बनने का ख्याल, गुजरा हुआ वक़्त, मिलने, बिझुड़ने का गम आदि। उम्मीद करता हूँ कि यह आपको पसंद आएंगी।
मेरे ऐसे कई मित्र रहे हैं जिन्होंने मुझे ग़ज़ल, कविता पर किताब लिखने के लिए कई बार प्रोत्साहित किया है। उनके नामों की सूची बहुत लम्बी है। उनका सम्बन्ध छोटे-बड़े शहरों से और साहित्य से हमेशा ही रहा है। मैं उन

सब का इस हौसला-अफ़ज़ाई के लिये तहे-दिल से बहुत शुक्रगुजार हूँ और बहुत धन्यवाद करता हूँ।

इस किताब की बहुत सी ग़ज़लों का संपादन, उनमें आवश्यक सुधार श्रीमती सरोज चौधरी, मेरी पत्नी श्रीमती सीमा रघुवंशी और अन्य कई मित्रों ने दिल लगा के किया है। मैं उनका शुक्रिया अदा करना चाहता हूँ। मैं उन सभी का भी शुक्रिया अदा करता हूँ जिन्होंने अप्रत्यक्ष रूप से मुझे लिखने को प्रोत्साहित किया। मैं उन सबका बहुत आभार तहे दिल से प्रकट करता हूँ।

संभवत: मेरे इस प्रयास से जिज्ञासु अवश्य ही लाभान्वित होंगे ऐसी मैं आशा करता हूँ और जो त्रुटियाँ हों उन्हें सुधार कर मेरा भविष्य हेतु मार्ग दर्शन करेंगे ऐसी मैं आशा भी करता हूँ।

डॉ. शिववरण सिंह रघुवंशी

अनुक्रम

यूँ जब मिले तो...1

दिल धड़कता है 3

दोस्तों की चाह में 5

मुकाम ज़िंदगी के...7

बात हैं मंजिल की...8

उनके जलवे 10

चिराग जलाये थे...11

अपना समझा था...12

वो वक़्त ही था...14

कुछ आंसू हैं...16

नांदा दोस्त न कह 18

हर शख्स की हिकायत है...20

हर अनफ़ास पे नाम 21

दोस्तों...22

प्यार में चोट 24

जख्मों पे बैठा हूँ 28

बचपन से आज तक...30

मंसूबे बनाये थे उसने...31

जब भी उनसे मिला 33

गैर न समझा उनको कभी 35

सालों में अब मिलते है...37

उनकी सादगी और मुस्कराना...40

लो वो शाम आ गयी	41
जुस्तजू	44
सफ़ीना (नाव)	46
नमक हराम	48
जमीं-जायजाद का गुमाँ	50
शहन्शा का ख्याल	52
यहाँ दर्द है सब कुछ	54
जब मयखाने में गया	56
मयखाने के इर्द-गिर्द	59
वक़्त वो भी गुजरा है	61
गुजरा हूँ ऐसे दौर से	63
फरिस्ते	65
बंदा ऐसा न मिला	66
कल रात को आसमान देखा	67
खुदा को मालूम है	69
हंसी चेहरे को क्या कहूँ	70
क्यों बात तोड़-मरोड़ देते हो	72
उनका वो इठलाना	74
शबाब को देख	75
बड़ा जोश था	77
तुझमें खो गए दीवाने	79
पदचापों की आवाज़	81
तेरी शोखियाँ मशहूर हैं	82
दिल को तोड़ने की बातें	83

मैय्यत पर वो रोये	84
में उन्हें कबूल न था	85
दीवानगी न पूछो यारो	87
मुसाफिर	89
मिलने की ख़ुशी	91
जो तू न बोले तो ख़ामोशी	93
परिंदों	94
बातें कौन सी अच्छी ?	96
जख्म क्यों देते हो तुम	97
उसने कितनी बातें की	98
मोहब्बत-खुदा की इनायत	100
मोहब्बत एक नगमा है	101
कश्तियों को किनारा	103
धुंध और कोहरा	105
वक़्त-ऐ-अजीज़	107
अज़ीब फ़साना	109
ख़ुशी नहीं मुझसे	110
गुजरा वक़्त	111
प्यार का तिलमिलाना	112
तूने जिगर के टुकड़े कर दिए	114
मदमस्त कहते हैं	116
तू हसरतों से जीता है	117
जब तक साँसों में रहती हो	119
दिल में मलाल क्यों	120

हुस्न का फरिस्ता	122
मुझे मत आजमाओ	124
क्या बात करते हो	125
मैयत	127
निशेमन	129
हुजूम में भी देख लेता हूँ	131
ख्वाब या दुनिया	133
खुदा की अंजुमन	134
रूहों के हिसाब	136
राह मुश्किल न कर	138
दिल का माज़रा	140

यूँ जब मिले तो

जाम लेते ही हाथ में दिमाग़ यूँ चल गया
पुराने घाव याद आ गए, दर्द हरा हो गया

बैठे तो थे हम यों मगर, याद वो आते गए
हसरतें हमारी थीं कभी, रोज़ ही मिलते रहे

जिक्र बहुत हुआ, तमन्ना मिलने की होती थी
जबकि कभी न मिलने की कसम भी खाई थी

शाम-ए-महफ़िल इत्तफाक से वो मिल ही गए
जब वे मिले दिल की धड़कनें रुक गयी थी

वक़्त भी क्या चीज़ है और इत्तफाक भी क्या
वेवक़्त ही यूँ मुझे आज नए मोड़ पर ले आया

कांटे जो चुभे थे कभी, शिकायतें थी कभी
न जाने आज वो कहाँ गायब हो गयीं थीं

उम्र गुजर गयी थी उनसे मिलके अब तक
ये इत्तेफाक था, लगा जैसे कल ही मिले थे

वक़्त का नाम बहुत लेता था ये ग़मे-ऐ-दिल
आया, तो दिल की धड़कनें ही बंद हो गयीं

पुराने दोस्त जब मिलते हैं बातें बहुत होती हैं
ख्यालों में खो जाने से फिर नींद नहीं आती है

मुलाक़ात में ख़ुशी या ग़म का हम क्या बताएं
बातों में ऐसा लगा जैसे कभी बिछड़े ही न थे

दिल धड़कता है

हम याद उन्हें करते हैं अपना समझ
हम उन्हें याद आएं वो उनकी समझ

ये दिल तू धड़का तो बहुत है प्यार में
ग़मे-ऐ-दिल फिर क्यों तू परेशां इतना ?

धड़कनों का जोर हम बहुत सुनते थे
पर वे रुकी क्यों थीं जब हम मिले थे

दिल उनका भी तो इस दिल से यूँ जुड़ा
कि धड़कनें इसमें हुई तो फड़का वो भी

याद हो कि न याद हो वो तूने सजाये थे,
गुलाबी गुलदस्ते, शाम खुशबू के लिए

अंजुमन जब वो आएं, खुशबू में डूब जाएं
नज़रें जहाँ भी दौड़ाएं हम ही नज़र आएं

चाहत रही यूँ कि वो तन्हा न रह पाए
फूलों के झोंके उन्हें शोख करते जाएं

शाम भी वो धीरे यूँ गुजरे कि अँधियारा
आने में शर्माये और शाम ख़त्म होने में

दोस्तों की चाह में

दोस्तों की चाह में गुज़ार दी ज़िंदगी हमने
दिलदार मिले हमें, धोखेबाज़ भी देखे हमने

कुछ बहुत करीब रहे अपने बन के ही रहे
कुछ तो नकाबपोश और मतलबी निकले

कुछ ने तो बेनकाब हो दोस्ती बहुत निभाई
कुछ ने दोस्ती की नकाब में गद्दारी दिखाई

साथ बैठ पी करीबी का दिखावा करते रहे
वे कम्बख्त गुलदस्तों दे करीब बनते रहे

भेड़िये की खालें पहिन शेरों में बैठते रहे
एहसान फ़रामोश कमबख़्त ऐसे जीते रहे

दोस्ती के नाम को ये दागदार क्या समझेंगे
जिनकी औकात नहीं पर नकाब ओढ़ते रहेंगे

मुकाम ज़िंदगी के

ज़िंदगी में मुकाम ऐसे बहुत आते है
लोग अनायास ही करीब आ जाते है

न रिश्ते होते न बंदगी न कोई हसरतें
वक़्त बीत जाने पर बहुत याद आते है

छूने को दिल करता जब करीब होते हैं
दुनिया में ऐसे लोग बहुत कम होते हैं

ऐसे लोग दिल के करीब पहुंच जाते है
न जाने कब, कैसे, अपने होते जाते है

जब वो दूर चले जाते हैं हमसे यूँ कभी
तड़पाते और रुलाते हैं जिंदगी भर यूँ ही

बात हैं मंजिल की

मुकद्दर की बात हैं जो मंजिल पे पहुंच गए
बर्ना ख्वाहिशों में लोगो के दम निकल गए

रात रात भर जागते रहे तब पाया है मुकाम
यूँ वो नहीं मिलता दिल में रख के इन्तेक़ाम

मगर मुकद्दर को भी लोग चीज़ समझ लेते है
उसका भी धन दौलत से दाम लगा देते है

मंज़िलें धन दौलत ऐशो-आराम से नहीं मिलती
गरूर ,शान को गंवाना पड़ता हैं इसकी खातिर

उम्र गुजारनी पड़ती है तब हासिल होती मंज़िल
घने सायों से गुजरना पड़ता है इसकी खातिर

छुप-छुप वार पर वार करता रहता है जमाना
जो इससे लड़ लेता हैं कदम छू लेता जमाना

खुदा की मर्ज़ी के खिलाफ इंसा कुछ नहीं
जिसने उसकी खिलाफत की वो मिट गया

बड़ी बातें वो करके खुदा को ललकारते हैं
मगर उसकी मार से फिर बच नहीं पाते

उनके जलवे

उनके जल्वों ने उनकी शान इतनी बढ़ाई
इंसानियत भूल उनमें गजब बेशर्मी आई

बैठे सामने रहे घर में दावत देकर, मगर
उम्मीद बहुत की जल्द दफा हों, खा पीकर

कहते है लुत्फ़ ज़िंदगी के बहुत उठाये हैं
ख़ामोशी से वे बार बार बताते ही आये है

छुपाते यूँ रहते नादानी आवेश में अपनी
खिसिया देते हैं सुनते जब अपनी कहानी

चिराग जलाये थे

चिराग जलाये थे बेहतर जिंदगी की खातिर
लोग ऐसे इरादों के मिले भी थे बहुत आखिर

जिंदगी की राह में तूफ़ान भी गजब के आये
बुझने न दिया चिराग हमने जोखिम उठा के

खाक में मिला देने का जज्बा रख जीते आये
ये कौन थे दुश्मन जो मेरा चिराग बुझाने आये

परवानों को शमा की आग में तो जलना ही था
चिराग बुझाने आये दुश्मनों को तो मरना ही था

खुदा का शुक्र है जो उन्हें इतनी उम्र मिल गयी
वर्ना चिराग बुझाने की सजा मौत से कम नहीं

चिराग जलाये थे बेहतर जिंदगी की खातिर
लोग ऐसे इरादों के मिले भी थे बहुत आखिर

अपना समझा था

जिसको मैंने अपना समझा था
फरेब था जो मैँ न समझा था

उनकी वो दिलकश बातें
गुजरती गयी कई दिन रातें

जवानी का ही जोश था
मद से बेहद बेहोश था

खुली जब बेहोशी से आँखें
नज़र आयी वो मुलाकातें

ग़मे-ऐ-दिल यूँ बढ़ता गया
वज़ूद अपना दिखता गया

अपना समझ बैठे थे जिसको
समझे अपना कैसे किसी को

यूँ जमाना गुजरता ही गया
राज खुलते गए उनके यहाँ

कारवां तो चलता गया मगर
दिल फिर न चला एक डगर

अपना जिसको समझा था
फरेब, जो मैं न समझा था

वो वक़्त ही था

वो वक़्त ही तो था जब तुम मिले थे
दिल हमारे फूलों की तरह खिले थे

हरेक फूल गुलशन में मुस्कराया था
हर चमन देख हमें कुछ शरमाया था

तुम्हारा ख्याल ही दिल में समाया था
वो भी क्या वक़्त था, हसीं मौसम था

हसीं फ़िज़ाओं ने होश उड़ा दिया था
दिल की गहराईयों में उतार लिया था

आज जब उस गुलशन से गुजरता हूँ
वह खुशबू आज भी महसूस करता हूँ

मोड़ों पे गुजरे वक्त को छोड़ आया हूँ
उन नुक्कड़ों को मुड़के देखते जाता हूँ

वो वक़्त ही तो था जब तुम मिले थे
हमारे दिल फूलों की तरह खिले थे

कुछ आंसू हैं

कुछ अश्क हैं जिनपे तेरा नाम है
कुछ पल हैं जिनपे तेरा अहसान है

कुछ आंसू तो तेरी याद में बहते हैं
कुछ दर्द जो आंसू बनके निकले हैं

हर बूँद जो आँख से बह के निकली
ऐसे लगता है वह है जैसे एक कली

तेरे लिए निकले हरेक वो आंसू को
दिल ने बतलाया अपनी दास्तां को

जीवन मै ये मरहम भी हैं दवा भी हैं
मुझ पर वो वक़्त ऐसा भी गुजरा है

दिल में दर्द मेरे अक्सर रहा संगीन
मगर आंसू एक भी न निकला है

जब याद करता हूँ वो गुजरा वक़्त
जेहन में सिरहन सी होने लगती है

दिल मै दर्द धीरे से होने लगता है
रोक नहीं पाता हूँ में कभी उसको

खुद ही अब तो आंसू निकल आते हैं
उन आंसूओं पे तेरा ही नाम लिखा है

नांदा दोस्त न कह

तू अपने को दोस्त न कह
दोस्ती का मतलब तो समझ
रिन्दों में वक़्त जायज़ न कर
पहिले पाए-तलब तो रख
ख़ैर की खाता रहता है बैठकर
तू कुछ अपना भी तो दम रख
औरों के छूता रहता 'पाएं'

पहले अपनी ओर तो खिसक
यहां की वहां करना बंद कर
दोस्ती तेरे बस की ही नहीं
बक़वास तू अपनी बंद कर
तू अपने लिए ही तो जीता है
दोस्ती के नाम क्या करता है
दोस्ती के लिए तो अपने से

इंसा को बाहर आना पड़ता है
तू अपने को दोस्त मत कह
ए नादाँ पहिले तू
दोस्ती का मतलब तो समझ

हर शख्स की हिकायत है

हर शख्स की हिकायत होती है
दिल भी किसी के कुर्बत होता है

जिक्र जब भी होता है उनका
रूबरू हो जाता हूँ उनसे हमेशा

उन्हें बयान-शौक रहा है इतना
कि कोई तो मिलता, कुर्बत से

जो भी मिले, दगाबाज़ निकले
किसी का भी नजरिया ना मिला

हर दागे-तमन्ना को आजमाया है
खौफ नहीं है पर दिल शरमाया है

हिकायत = कहानी ; कुर्बत = करीब ; रूबरू = सामने

हर अनफ़ास पे नाम

हर अनफ़ास पे एक नाम है
हर दम पर एक राज है

हर राज की ये हिकायत है
दराज ना ही सही, मय तो है

वो वादियां, वो हंसी भी हैं
गुजरे वक्त की दास्ताँ भी हैं

दोस्तों

फूलों से भरा गुलशन ही हो
हमेशा जरूरी भी तो नहीं है

कुछ वक्त ग़मगीन गुजरा है
कुछ हसीन भी तो गुजरा है

हर अनफ़ास भी खूब गुजरा
वो जब मिले खुशबू लेकर आए

वो भी तो एक राज ही था
पर वैसा आज कुछ नहीं है

गुलशन में फूल तो अब भी हैं
मगर अब वो खुशबू ही नहीं है

पर हर सांस पर तेरा नाम है
यही तो जिंदगी की दास्तान है

प्यार में चोट

कभी कभी अधाधुंद प्यार में
दिल को चोट गहरी लग जाती है
मामला नाज़ुक बहुत होता है
कांच माफिक टूट जाता है
इंसा दर्द से कराहता है
मगर आवाज़ नहीं आती है
गम भुलाने को पीता है
मगर कितना भी क्यों न पीले

मयखाना ही क्यों न पीले
बाहर का नशा कितना भी हो ,
सुकून दिल में नहीं आता
औरों से चोटों का दर्द नहीं होता

जितना अपनों से दिया होता है
गुमां टूट जाता है पल में
निस्बत छूट जाता है क्षण में
कभी कभी इंसा प्यार में
गहरी चोट खा जाता है

निस्बत = सम्बन्ध, लगाव, ताल्लुक

गलत फहमी में

गलत फहमी में कभी कभी
दिल बहुत दुखी हो जाता है
अनजाने में आंसू टपक जाते हैं

दिल की गहराईयों की
परख न हो, तो दिल टूट जाते हैं
समझ न सके दिल तो
एक दूसरे की परछाई न देख सके तो
धोखा ख़ूब खा जाते हैं
लोग दग़ा भी दे जाते हैं
अंजाने में आंसू

अपने यूँ ही टपक जाते हैं
हक़ीक़त जाननी होती है
बेईमानी पहिचाननी होती है
अंजाने दिल-ए-राज़ नहीं खोलते
अंजाने में खता नहीं करते
यूँ ही अपना नहीं बनाते
धोखेबाज़ों को जानना होता है
वो क़ातिल से कम नहीं होते
जो अपना बन धोखा दे जाते हैं
ग़लत फ़हमी में कभी कभी
दिल टूट भी जाया करते हैं
अंजाने में आंसू टपक जाते हैं
दिल के ख़्वाब टूट जाते हैं

जख्मों पे बैठा हूँ

कितने जख्म लिए बैठा हूँ
फिर भी मुस्कराते बैठा हूँ
लोगों की बेशर्मी झेलते झेलते

थक के यहाँ बैठा हूँ
फिर भी गम लिए
बेफिक्री से बैठा हूँ
अकेले में आंसू बहा लेता
फिर भी अंजुमन में आ बैठा हूँ
उस लुटेरे के हिमायती बहुत हैं
उस फरेबी के वफादार बहुत हैं
जो लूट के भी अदब से
अंजुमन में आ बैठा है

दीदा-ऐ-नमनाक में फिर भी
दिल-ए-मुज़्तर फिर भी
आखिर शिकेबाई सी लिए
दिल को थाम कर बैठा हूँ

दीदा-ए-नमनाक = आँसू भरी आँखें, दिल-ए-मुज़्तर = व्याकुल/ बेचैन
दिल, शिकेबाई = धैर्य, धीरज, सहनशीलता

बचपन से आज तक

बचपन से आज तक
जो चलता आया कंकड़ों पर
उसकी शबे रातों का माजरा
क्या सुनिए, उसकी गर्दिशें
क्या बयान करेंगी उसकी काविशें
दराज हैं उसकी हिकायतें
पैदा नहीं जो करें उसकी हिमायतें
उसके अश्कों की रुस्वाई
चीख चीख के कह रही है
उसके पाए में चुभे काँटों से
लथपथ है जिंदगी इस खार से

काविशें = मेहनत, प्रयास; हिकायत = किस्से ,कहानी; गर्दिशें = कष्ट , कालचक्र ; रुस्वा =बदनाम

मंसूबे बनाये थे उसने

मंसूबे बनाये थे उसने
थी मंज़िलें उसकी भी
वक़्त के हिचकोलों ने मगर
मंसूबे तोड़ दिए उसके
मंज़िलें मोड़ दी

कदम फिर भी न रुके उसके
काँटों पर वो चलता रहा
पत्थरों पर सोता रहा
मुकद्दर में अगर तू है
तो छुप नहीं सकता

ये खुद ब खुद कहता रहा
मंज़िलें मिलेंगी जरूर
जुर्रत नहीं किसी की
कोई ये हौसला छीन ले
दफन हो जायेंगे पर
हार न मानेंगे कभी
मालिक की मेहरबानी से
तुझे जमीं पे लाएंगे जरूर
हौसले मेरे पस्त होंगे
मेरे मरने के बाद
किसी की औकात नहीं
जो झुका दे मुझे
तेरे जुल्मों के बाद
फ़ना हो जायेंगे
तुझे फ़ना करने के बाद

जब भी उनसे मिला

जब भी कभी मिला हूँ उनसे
पुराने वाक्यां याद आ जाते

नयी आमदा, फ़रियाद होती
कुछ भी पर भूल नहीं पाते
ये वक़्त यूँ गुजरा है बहुत
वो तूफ़ान दिल में थे कभी

यूँ मुड़के देखता हूँ वो ख़ाक
जो बनी है ,कभी आबाद थी
यादों को रोक ही नहीं पाता
सन्नाटों में खड़ा सोचता हूँ
पुराना जमाना याद कर अब
वक्त-ए-रजा, सबा देखता हूँ
क्या निस्बत क्या कुर्बत थी
लेकिन सिर्फ अब ग़ुरबत है
मगर जिस राह से गुजरा हूँ
गर्द-ए-राह उसकी दिलचस्प है

वक्त-ए-रजा = वक़्त की मर्ज़ी, सबा = हवा; कुर्बत = नज़दीकी;
ग़ुरबत = विवशता,परवशता

गैर न समझा उनको कभी

गैर न समझा हमने उनको कभी
जब समझा तो अपना ही समझा
मगर, दोस्त, उन्होंने जब भी देखा
मुझे, गैरों की तरह से ही देखा

बहुत जोर उनके नाम का सुनते थे
मगर बात की तो कुछ न निकला
ख़ामोशी की थी आदत उन्हें बहुत
मगर जब लब्ज़ो से बयां हुआ तो
वो ख्वाब जो देखे थे मोहब्बत के
बेख्वाब हो गया दिल मेरा तबसे

मतलब तो अब यारों कुछ नहीं
मगर ढेर रेत का सा निकला
मगर ये माजरा है अपनों के बीच
जीने को क्या सब ये जरुरी है ?

सालों में अब मिलते है

सालों में अब हम मिलते है
मगर नसीब तो देखो यारों
बात कुछ ऐसी हो जाती है
गुफ्तगू तक भी नहीं होती

बेवज़ह इंतकाम पैदा होता
वजहें तक वे बना लेते हैं
गुफ्तगू अगर कर लेते कभी
बुरा मान बैठ जाते हैं लोग

बादशाह समझ अपने को
तहजीब तक भूल जाते हैं
लोग प्यार क्यों नहीं जगाते
दिल में प्यार क्यों नहीं भरते
रात अगर काली भी तो भी
उजेला निस्बत का क्यों नहीं
बादशाही गुलामी की बातें
क्यों नहीं छोड़ देते प्यार से

दाना न पानी न हवा उनकी
क्यों हमें गुलाम समझते हैं
ये माजरा है अपनों के बीच
क्यों प्यार भूल जाते हैं लोग ?

उनकी सादगी और मुस्कराना

उनकी सादगी उनका ये मुस्कराना
कहानी बयां तो नहीं शबे गम की

कब से दीदार न किया था उनका
अब हुआ तो कुछ देर से ही हुआ

उनका वो मुस्कराना वो यूँ देखना
फ़िज़ा की ख़ामोशी ने यूँ बात की

दिल-ए-मुज्तर तो रहा पर तूने यूँ
फिर भी मुस्कराके जैसे थाम लिया

उनकी सादगी उनका ये मुस्कराना
बिना लफ़्ज़ो-बयां के बहुत कह गया

लो वो शाम आ गयी

शाम आ जाती है रोज़ मेरे सामने
सूरज जब ढलना शुरू हो जाता है

वो शाम लेकिन अब नहीं आती
यूँ ही हर रोज़ सूरज ढलने के बाद

वो शाम कुछ अजीब हसीं थी जब
मिलके मिलते ही रहे ज़माने के बाद

वो हाथ में हाथ लिए थी उस ही शाम
गुजारी दिल भर, आगोश में तेरे साथ

न ज़माने की फ़िक्र थी न अपनों की
वो वक़्त क्या था जो जिया हमने था

वो हंसना, वो मुस्कराना अलग ही था
तुम मिले थे हमें बहुत ज़माने के बाद

वो पानी के झरने, वो परिंदे, वो सबा
वो ढलती शाम का आना, वो फ़िज़ा

उजाला यूँ जाते हुए वो शाम दे गया
जीने हमें वो शाम, था मजा दे गया

क्यों न जीते हम जो अपना मिल गया
मुकद्दर के बाद हमने यूँ जैसे जी लिया

शाम आ जाती है रोज़ मेरे सामने
सूरज जब ढलना शुरू हो जाता है

वो शाम लेकिन रोज़ नहीं आती है
हर रोज़ यूँ ही सूरज ढलने के बाद

रुक जाता हूँ वहां मैं बैठ जाता हूँ
हर रोज़ उजाला जाते देख लेता हूँ

मगर वो गुजरा वक़्त जाने है कहाँ
ढूंढता हूँ मगर मिलता नहीं फिर वहां

अँधेरे किसको अच्छे लगते है यारों
ढूंढता हूँ मैं अपनों को इन अंधेरों में

लेकिन वो शाम अब कभी न आएगी
यूँ ही अब रोज़ सूरज ढलने के बाद

मेरे अपने खो गए हैं हमेशा के लिए
सूरज रोज़ ऊगता है फिर किस लिए

जुस्तजू

जुस्तजू तुम कहाँ हो कहाँ चली गयी
तुझसे वो सुबह होती थी वो शाम भी

जब मिली थी तुम्हारा वो मुस्कराना
अदायगी से खड़े मुझसे बातें करना

उन झीलों जैसी आँखों के ख्वाबों को
तुम्हारी उन प्यारी बातों से झाँक लेना

तुम्हारा मेरी हर बात को पकड़ लेना
पीछे पड़ वही करना फिर खुश होना

उँगलियों पर अपनी उँगलियाँ फेरना
और मेरी आँखों में यूँ झांकते रहना

तुम्हारी झील सी उन आखों में मैं तो
प्यार का सागर उमड़ते ही था देखता

तुम्हारा कभी कभी वो खफा हो जाना
फिर अदा से वो गर्दन मोड़ देख लेना

तुम्हारी अंदाज़ भरी निगाहों की अदा
मीठी बातों का तो रहा मैं कायल सदा

कहाँ चली गयी जुस्तजू, तुम कहाँ हो
तुझसे ही वो सुबह थी वो शाम भी थी

सफ़ीना (नाव)

सफ़ीना, तुम आयी जब मेरी जिंदगी में
अंजान था जिंदगी के सुनहरे लम्हो से

तुम्हारी हर बात ने मुझे बेचैन किया था
कोई दिन तुम्हारे बगैर गुजरा ही नहीं था

आँखें खुलती, मेरी सुबह जब होती थी
इंतज़ार, तुम्हारे समाचार का रहता था

तुम्हारी झलक से मन को चैन मिलती
फिर अच्छा करने की कुछ चाह होती

तुम्हारे दीदार को आँखें हमेशा तरसती
तेरे ख्वाब मन में, फिर नींद कैसे आती

करवटें लेता इतनी, गिनती क्या बताएं
ख्यालों के डेरे में फिर नींद कहाँ आये

कस्ती और ख्वाबों का सिलसिला कभी
ख़त्म होता ही नज़र न आता मुझे कभी

नशा मोहब्बत का तुमने जो दिया मुझे
जिंदगी, कैसे जीते हैं सिखा दिया मुझे

नमक हराम

हकला हकला के मिलना
हाँ में हाँ जबर्दस्ती करना
हर बात पे जोश दिखाना
बिन पूछे ही खबर दे देना
किसी के भी पैर छू लेना
सेवा किसी की कर देना
अक्सर खबरें बना लेना
यहाँ की वहां करते रहना
चालाकी से काम करना

हकलाने का बहाना था
कुछ न कुछ बताते रहना
हर बात पे ख़ुशी जाहिर

हर बात पे कान रखना
उसको यूँ पकड़ न पाना
ये छोटी छोटी थी हरकतें

धीरे से ही करती कुतरनें
हरकतें   मामूली न रहती
जब पता लगा उसका तो
जब उसे पकड़ा गया तो
हरकत के पीछे का राज
था उसका यही कामकाज
करता   सारी उम्रे -दराज़
एक भेदी   निकला गद्दार
पता न चला था के ये   है
बहुत बड़ा   नमक हराम

जमीं-जायजाद का गुमाँ

खुदा ने जो बख्सा है, तू कबूल कर
है गैरों को तू बुरा क्यों कहता रहता
सब दुनिया में आते 'उसकी' बदौलत
ये याद रख, तू उसको मत ललकार
बिना उसकी मर्ज़ी के पत्ता भी नहीं हिलता
फिर बोल बन्दे क्या है तेरी औकात

खुदा ने जो दिया कर उसको कबूल
जमीं जायदाद का गुमाँ ठीक नहीं
उसके सामने तेरी कोई जुर्रत नहीं
खून का 'रंग और नसीब' है उसका
हिसाब वही है करता सब इसका

क्या लाया तू जो साथ ले जायेगा
सब यही का है, तुझे छोड़ना पड़ेगा
शहंशान या गरीब हो, जाना पड़ेगा
ये अंजुमन में आके जलना पड़ेगा
ठोकरें न दे, न खा, सम्भलना पड़ेगा
बोल तब बन्दे क्या है तेरी औकात
कबूल, तू खुदा की दी हुई सौगात
जमीं जायदाद का गुमाँ ठीक नहीं
औकात में रह , ये मद ठीक नहीं

शहन्शा का ख्याल

शहंशा बनने का ख्याल, अच्छा है
पैदाइसी राज मिले, तो क्या बुरा है ?

गरीबी में जन्मे तो भी क्या बुरा है ?
वर्षा की बूँद कहाँ गिरेगी, किसको पता

जहाँ भी गिरती पर रहती तो पानी ही है
इंसान पर इसमें फर्क क्यों पैदा कर देता ?

पानी की बूँद और इंसान का नसीब
अलग दिखता जरूर मगर है करीब

एक ताज पे गिर जाती तो इठलाती
दूजा ताज पहिन बनता अत्याचारी

शहंशा बनने का ख्याल, अच्छा है
पैदाइसी राज मिले, तो क्या बुरा है

इंसा समझ अगर ले इतना अंतर
फिर कैसे गरीबी अमीरी में भवान्तर

यहाँ दर्द है सब कुछ

यहाँ सब दर्द, दिलो से है जुड़ा
इस अहसास का सबको पता है

खुशियों की मंज़िलें नहीं होती
दर्द भी कभी यूँ दिखता नहीं है

ख़ुशी भी पकड़ में आती नहीं
लेकिन चेहरे से बचती भी नहीं

खुशियां कभी नापी नहीं जातीं
दर्द की गहराई कही नहीं जाती

अहसास है जो सबने किया है
ज्यादा, तो कभी कम, किया है

दर्द की दवा मधुशाला में नहीं होती
मगर लोग मयखाने में ढूंढते हैं इसे

दर्द कम करने से ज्यादा, यहाँ मगर
खुशियां का, भर नहीं पाते हैं प्याला

जब मयखाने में गया

जब शराब पीने मयखाने पंहुचा
साकी ने अदब से आने को कहा

इशारा उसने दिया वहां को जाओ
चल टेबल दिखा बोली, यहाँ आओ

मैंने उसको ऊपर से नीचे तक देखा
उसने मुझे देख मुश्करा के मुँह फेरा

प्याला साकी टेबल पे रखने आयी
क्या लेंगे हुज़ूर उनसे ये पूछने आयी

जाम उठाया और होठों से लगाया
थोड़ी पी कड़वापन मुँह में समाया

कुछ ही देर में जो लुत्फ़ मुझे आया
फिर तो प्याला होठों पे और लगाया

थोड़ी देर में दुनिया जो नज़र आयी
ख्वाब में शायद कभी मैंने थी पायी

फिर तो बढ़ते गए घूँट पे घूँट मय के
वो भी वक़्त आया जब मैं लड़खड़ाया

दुनिया वही लोग वही पर अब अलग
नयी दुनिया दिखने लगी घूँट से ही वहां

इस लुत्फ़ में वो पीता गया, पीता गया
वो आखिर लड़खड़ाके जमीं पे गिर गया

और फिर उसका आखिर ये हश्र हुआ
जीना था जिया फिर तुर्बत में कैद हुआ

उसका बुत आज भी करवट बदलता है
आज भी मजार में सन्नाटा बना रहता है

मयखाने के इर्द-गिर्द

मयखाने के चारों तरफ कब्र खाने हैं
साकी से यही सवाल पूछते दीवाने हैं

क्या माजरा है जानेमन इन मजारों का
कुछ तो राज बता दो इस मयखाने का

साकी ने कहा यारों जब घूँट लगाओगे
इस दुनिया में पैग लगा उतर आओगे

ज्यादा हसीं लगने लगेगी तब ये दुनिया
खुद उन मजारों के पास पहुंच जाओगे

सब पीनेवालों का यही तो हश्र होता है
हसीनाओं के जाम से कौन बचा होता है

शराब और नशा दौलत का ऐसा होता है
जब चढ़ जाता है बेमौत ही मारा जाता है

वक़्त वो भी गुजरा है

वक़्त गुजरा तो वो भी है हमने
जब अपनों को भी आजमाया है

कौन कब किसके काम आता है
दोस्त, ये तो मैंने बहुत देखा है

इरादे कब किसके बुरे होते हैं
ऐसा तो हमने कभी न सोचा है

मुंतजिर भी सदा रह के देखा
मगर तल्खी-ए-दौरा भी देखा

मुद्दई रहे अपने खूने वफ़ा के
मगर वक़्त पे कभी न देखा

वक़्त गुजरा तो हम पर है जब
हमने अपनों को भी आजमाया है

गुजरा हूँ ऐसे दौर से

वो गुजरा वक़्त जाने अब है कहाँ
ढूंढता हूँ मगर मिलता नहीं वहां

गुजरे हैं हम भी हंसी ऐसे दौर से
खुशियां थीं कभी, तल्खियां न थीं

चाहत का गुमाँ ही गुमां इतना था
कि हम बेपरवाह, बेखबर हो गए

लेकिन फिर हर्फ़ आया बातों में
दिल तोड़ने वाले इल्जाम शुरू हो गए

मिलते रोज़ हैं पर वो मुस्कान नहीं
होंठ हिलते हैं पर वो ख़ुशी रही नहीं

वो गुजरा वक़्त जाने अब है कहाँ
ढूंढता हूँ मगर मिलता नहीं वहां

क्या अजीब दस्तूर है जमाने का
दिल टूटा है पर कोई देखता नहीं
गुजरा हूँ ऐसे दौर से ....

फरिस्ते

कुछ ही फरिस्ते होते हैं जो आपको
बड़ी मुद्दत से कभी नसीब होते हैं

नज़र उनकी एक ही काफी होती है
गम को ख़ुशी में बदलने के देने लिए

वो कुछ दिल ही मख़सूस होते हैं
जो जमीरियत रख प्यार करते हैं

उदासी, मनहूसियत की छाया को
हंसी फ़िज़ा में तब्दील कर देते हैं

वो फरिस्ते मुकद्दर से ही आपको
मुद्दत से कभी कभी नसीब होते हैं

बंदा ऐसा न मिला

कोई बंदा ऐसा न मिला अब तक
दर्द से न गुजरा हो कभी अभी तक

कुछ कम कुछ ज्यादा सब सहते हैं
आखिर ग़मे-दिल में दर्द तो होता है

कुछ ऊपरवाले की मेहरबानी से
तल्खी-ऐ-दौरा निकाल भी लेते हैं

न तो मुन्तज़िर रह गुजर कर लेते
परवर-दिगर का इंतज़ार कर लेते हैं

खुदा आता हैं जरूर सब के लिए
उसे कहकंशा तो देखना ही पड़ता है

औरों का दर्दे-दिल भी उसका अहं है
वो ये अहसास करा के विदा होता है

कल रात को आसमान देखा

जब कल रात को आसमान देखा
चाँद की चमक से लग हसीं रहा था

चांदनी फैली थी, आसमान साफ़ था
वहां फूलों से गुलशन सजा हुआ था

रात रानी की खुशबू महक रही थी
फ़िज़ा में महक ही महक फैली थी

चांदनी ने फूलों के रंग और दमकाये
और तारे भी कुछ कम टिमटिमाये

शीतल ऋतु के आने के सब संकेत थे
आसमाँ में तारे ज्यादा बादल कम थे

चिरागों को अँधेरे की क्यों है जरुरत
रात ये कह कह-कहा लगा रही थी

देखा कल रात, आसमान तो एकदम
चांदनी में हसीं था, मुस्करा रहा था

खुदा को मालूम है

खुदा को मालूम है तेरी खूबसूरती
आँखों को गेसू दिए
सपने सजाने को पलकों दी
सपनों को छिपाने आँखें दी
लहराने के लिए जुल्फें दी

चोट दिल पे लग जाए अगर
अश्क झेल लेना तुम
मगर न झेल सको तो
तो अश्क बहा लेना
खुदा को मालूम है तेरी खूबसरती
सह न सकेगी तू ए हसीना
दुनियां की दरिंदगी
बेसबात दर्दे-दिल बिलकुल भी
अश्क लुढ़का के अपना
दर्द हल्का कर लेना तू
जिल्लतों से अपने को दूर रख
बचा के रख लेना तेरी खूबसरती

हंसी चेहरे को क्या कहूँ

हंसी चेहरे की क्या तारीफ़ करूँ
खुदा की देन है तुझको नसीब

खुदा का शुक्र, तुझको बना दिया
झील सी आँखें, उनका जमाल

तेरी प्यारी पलकें, उनका कमाल
तेरी काली अलकें, उनका सुमार

गोरी पलकों की सूंदर गोलाईयाँ
कोई अश्क यूँ ही न लुढ़क जाए

लुढ़क गेसुओं में जा न रुक जाए
दर्द, ख़ुशी या गम छुपा न पाए

खुदा का ये धन तुझको है नसीब
खूबसूरत उसने बनाया बेहिसाब

तुझे हंसी चेहरा दे जादू किया है
सभी दिलों को मानो लूट लिया है

क्यों बात तोड़-मरोड़ देते हो

तुम कितने नुक्ताचीं इंसान हो
क्यों बात तोड़ मरोड़ देते हो

अधूरी सोच, क्यों जोड़ लेते हो
सुनो तो बेगानो की बातों को भी

बातों के मायने क्यों बदलते हो
इंसानियत से पेश उनसे आओ

क्यों अपनी खुद्दारी दिखा करके
दिल तोड़ उन्हें जिल्लत देते हो

उसे इतना खराब न करो यारों
अपने करीने क्यों नहीं बदलते

उसने तुम्हारा क्या बिगाड़ा है
जो तुम उसका चैन लूटते हो

ख़ुदा के उस बन्दे को ख़ुशी दो
नफरत दिल में क्यों भरते हो

तुम कितने नुक्ताचीं इंसान हो
क्यों बात तोड़-मरोड़ देते हो

उनका वो इठलाना

तेरे इठलाते क़दमों को जब देखा
शबाब की उफनाती नदी देखा

बेफिक्र मदभरी अदाओं को देखा
उड़ती लहराती जुल्फों को देखा

क्यों ज़माना पागल हो जाता है
हुस्न को देख तब में ये वो समझा

बेखबर था बहुत बातों से अब तक
मगर इठलाना खुद बहुत कह गया

पाबंदियां कैसे कब टूट जाती हैं
इठलाना ये बात खुद कह गयी

शबाब को देख

तहे दिल में पड़ी चाहत बाहर आ गयी
जब तू मुस्कराते बगल से निकल गयी

दबी थी तमन्नाएं दिल की गहराईयों में
तेरे शबाब को देखा तो सामने आ गयीं

खुशियों के ही साथ रहती है ये दुनिया
आंसू छुपा के इसीलिए मुस्कराता था

घोंसले में पड़ी सिसकती तमन्नाएं रही
मगर तुझे देख अब तो हैं निकल पड़ीं

दिल में हर तमन्ना को दबा रखा था
अब खुद पे वो जुल्म सा सब लगता है

नेक बने रहते थे, घुट के ही जीते रहे
तुझसे मिल के ही, ये हमें समझ आया

बड़ा जोश था

दमदार बड़ा जोश दिखा रहे थे
ताकत की नुमाइश कर रहे थे
कभी इसको तो कभी उसको
पटकनी दे धौंस जमा रहे थे
अचानक हुस्न गुजरा वहां से
अदाएगी से जब सामने आया
खुशहाली फिज़ा में फ़ैल गयी

ताकत अब हुस्न की छा गयी
धौंस हुस्न की अब जमने लगी
ताकत जोश पटकनी खाने लगा
आशिकों की भीड़ बढ़ती गयी
हुस्न की एक ही नज़र से घायल

सब दमदारों की दम निकल गयी
साँसे टूटने लगी, दिल बैठने लगा
हुस्न ने सब जोश ठंडा कर दिया

तुझमें खो गए दीवाने

तुझमें खो गए शहर के सब दीवाने
तेरे हुस्न को देख सब जीते थे

एक नज़र तूने जो इधर से उधर की
सब दीवाने तेरी कुर्बत में समझते थे

वो दीवानगी भी क्या होती थी
जब हर फूल पे भौंरा मंडराते थे

हर गली गली में चाहने वाले थे
शहर में तेरे चर्चे ही चर्चे होते थे

क्या गजब की दीवानगी थी
फ़िज़ा में मदहोशी और नज़ारे थे

तुझे देख सब कितना जीते थे
तेरे हुस्न का गजब जादू था

अब पूरा शहर उदास रहता है
जबसे तूने अपना मुकाम बदला है

पदचापों की आवाज़

पदचापों की आवाज़ों का आना
पत्ते , पेड़ों के हलके से हिलना
हवा का रूख खुद बदल जाना
खुशबू फूलों से भी बढ़ जाना
कलियों का खिलना, मुस्कराना
कांटे खुद रास्तों से हट जाना

भौंरों का मंडराना शुरू होना
रंग बिरंगे फूलों का खिलना
दीवानों की नज़रों का ढूंढना
शोख अदाओं का हो जाना
शहर में खामोशी छा जाना
ऐ हुस्न तेरे आने का अहसास है
तेरे वज़ूद की यही पहिचान है
तेरे दीवानों की तू सांस है
तेरी एक झलक के दीवाने हैं

तेरी शोखियाँ मशहूर हैं

तेरी शोखियाँ सारे शहर में मशहूर हैं
तेरे हुस्न के किस्से हर जहन में मौजूद
तेरी जुल्फों के, तेरे केशों के चर्चे हैं
हर शख्स दीवाना है तेरी निगाहों का

उनकी हर नज़र जहाँ में तुझे ढूंढती हैं
परेशान रहता है तेरी एक झलक को
तस्वीर तेरी नुक्कड़ पे लगा पूजते हैं

दीवानो का हर जगह यही हाल है
तस्वीर के चारों तरफ बैठ ये दीवाने
शमा, खुद को परवाने समझ लेते हैं
तेरी शोख़ अदाओं का क्या कहना
तेरी एक झलक को शहर परेशां है

दिल को तोड़ने की बातें

क्यों लोग न जाने मुँह मोड़ लेते हैं
अपनी हसीं अदाओं से मार देते है
औरों की मुस्कराहट छीन लेते हैं
अपनी शोखियाँ छोड़ जाते हैं

अपनी हसरतें को निकाल लेते हैं
कुछ मेरी भी तो हसरतें कम नहीं
बस मिलके वादा तो करो मुझसे
तुम जमाने में अकेला न छोड़ोगे
किए वादे न तोड़ोगे, निभाओगे
याद आने की बातें न करना
दिल को तोड़ने की बातें न करना
दुनिया के बियावान में न खो जाना
दिल न तोडना न टूट के रुलाना
देखो फिर न कभी मुँह मोड़ लेना

मैय्यत पर वो रोये

आज जब मेरी मय्यत पे वो आके रोये
पैर गीले हो गए, जमीं खिसक गयी

पहिले तो रुला के खुद भी रोते थे
आज तहे-दिल से, शुक्रिया करके रोये
अपनी दास्ताने-ऐ-जिंदगी यही है दोस्तों
हम जब उनके क़दमों में होते थे
तो उन्हें नीचे देखने की आदत न थी
वो आज नीचे देख मेरी मैय्यत पर रोये
बेहिसाब बे कदर सिसक सिसक के रोये
मेरी रूह कहती है बार बार यह कि
वो कम से कम जमीं देख के तो रोये

में उन्हें कबूल न था

मेरी हसरतें उनको कबूल न थीं
बस बंधन था वो जिए जा रही थीं
शौक मेरे उनसे जुदा ही रहे

परिंदे को पिंजरे की आदत न थी
अब भी मैं कब्र में आंसू बहा लेता हूँ
उनको इतनी बेरुखी मुझसे क्यों थीं
पर मैं अब भी दुआ ही करता हूँ
खुदा उनको कभी तकलीफें न देना
तेरे सब बन्दे, उनका ख्याल रखना
तेरी इस सौगात की कदर करता हूँ

मेरी हसरत थी वो हमेशा खुश रहे
जमाने में खूब मोहब्बत से जीते रहे
ऐ खुदा, ग़मे-ऐ-दिल यही रहता है
कि वे उम्र-ऐ-दराज़ गमाते क्यों रहे
कब्र से अब भी उनके लिए दुआ है
जिस हाल में रहे मगर खुश ही रहे

दीवानगी न पूछो यारो

मेरी दीवानगी को तुम न पूछो
किसी को मेरी दास्तां से क्या

हसरतें दिल में बहुत ही रही
उसकी खातिर निकाल दी सब

तमाम सह कर पंहुचा हूँ यहाँ
हर कवायद को देखा है मैंने

अब उन क़दमों में सर झुकाया है
उस नज़र पाने सब छोड़ आया हूँ

तलाश करता बहुत रहा हूँ उसकी
वो खुदा ही आज मेरे सामने खड़ा है

अनजान था में खुद से ही इतना कि,
खुदा खड़ा और पहचानता भी नहीं

मुसाफिर

मुसाफिर हम भी हैं
मुसाफिर तुम भी हो
बन्दे तुम भी हो उसके
बन्दे हम भी हैं उसके
गरूर तो तुमको भी है
गरूर थोड़ा हमको भी है
उधर जगह तुमको भी है
उधर जगह हमको भी है
दरवाजे वहां दोनों को है
एक तो मौत का भी है
पर एक जिंदगी का भी है
एक जहन्नुम को जाता है
एक जन्नत को भी तो है
खुदा ने सबको दिया है

फैसला ये तुझको करना है
तू खुदा क्यों बना फिरता है

मिलने की ख़ुशी

तुझसे मिलने की ख़ुशी में
सब कुछ भुला बैठा हूँ
क्या क्या सोचता था मैँ
वही याद करता रहता हूँ
मिलके ये कहूंगा वो कहूंगा
ऐसे कहूंगा वैसे कहूंगा

थोड़ा धीरे थोड़ा अंदाज़ से
थोड़ा प्यार से थोड़ा मजे से
थोड़ा नज़ाकत से छू लूंगा
फिर नज़र उनसे मिला
मोहब्बत की बातें करूँगा
उनकी झीलों सी आँखों मैँ
कभी उनके प्यारे होठों को
देख बैठ के खो जाऊंगा I

मगर जब हम मिले तो
ऐसा कुछ भी न देखा मैंने
न हुआ, न पाया , न खोया
न छुआ, न बातें ही कोई हुई
दिल भी क्या चीज़ है यारों ,
ये न धोखा , न दग़ा देता है
बस हुस्न देख कर जबरदस्त
उछल और मचल उठता है

जो तू न बोले तो ख़ामोशी

जो तू न बोले तो ख़ामोशी कहते हैं
इस अदा को भी शोख़ कहते हैं
तू न बोले तो इसे खफा कहते हैं
इस अदा को दिल शाज़ कहते हैं

तू न सुने तो इसे तेवर कहते हैं
इस अदा को भी भवँर कहते हैं
तू जमीं न देखे घमंडी कहते हैं
इस अदा को भी शोख़ कहते हैं
तू न बोले न सुने न देखे तो क्या
इसको जनाब मोहब्बत क़हते हैं ?

परिंदों

परिंदों, परवाज़ को जब देखता हूँ
जी मचलता, आसमान देखता हूँ
कहीं भी, कभी भी, कहीं तक भी
तुम उड़ सकते हो , ये सोचता हूँ

खुदा की इस अनोखी इनायत को
खड़ा खड़ा आसमान में देखता हूँ
तमन्ना दिल में उठती है, ऐ खुदा
पंख मुझे भी दे दे , उड़ने भी दे
मगर परिंदों को कैद करने वालो
उनकी स्वतन्त्रा क्यों छीनते हो
प्यार के पंछी को क्यों तड़पाता

हसरतें उसकी क्यों तोड़ता है
उसको उड़ने क्यों नहीं देता है
परिंदों की परवाज़ जब देखता हूँ

बातें कौन सी अच्छी ?

बातें वो अच्छी सुहानापन हो जिनमें
लफ्ज वो अच्छे जो दिल को भा जाए
वाक्यां अच्छे वो जो दिल पे छा जाए
दास्ताँ वो अच्छी जो दिल को छू जाए

कहानी अच्छी वो जो आँखें छलका दे
गुफ्तगू वो अच्छी, बच्चों को नींद आये
बोल वो अच्छे, जवाँदिल में जोश भर दे
बुजुर्ग दिलों को जो तरीके सुकून दे
कवायदें, मुशिकलें जो सीखा जाएँ
वे लोग जिनके साथ मजा आ जाए
बिछड़ें तो गम, रूठे तो आंसू टपकें
वो लोग, वो बात अच्छी लगती हैं

जख्म क्यों देते हो तुम

जख्म क्यों देते हो तुम
प्यार देके भी तो देखो
इल्जाम क्यों लगाते हो
निशानी देके तो देखो
दीवार क्यों बनाते हो

दीवारें तोड़कर तो देखो
आईने क्यों तोड़ते हो
उनमें सूरतें तो देखो
नफ़रतें क्यों करते हो
गले लगा के तो देखो
अंधियारे क्यों करते हो
उजाले करके तो देखो
तुम जख्म क्यों देते हो

उसने कितनी बातें की

उसने मुझसे ईमान की बात की
उसने मुझसे प्यार की बात कही
कभी-कभी मिलने की बात कही
वतन की भी उसने मुझे सुनाई
बीच बीच में नफरतो की चर्चा की
इल्जामो का भी बहुत जिक्र किया

दोस्ती, अहसान की भी बात की
अँधेरे उजाले की बातें भी आयी
मिलने न मिलने की भी कर डाली
सर्दी, गर्मी, बरसात पर बातें हुई
दिल लगने से टूटने तक की बात हुई

तुम ही बताओ कौनसी बात रह गयी
क्या कहूँ उसको, जिसने ये बातें की
सोचता हूँ बैठकर उस गुजरे वक़्त को ,
बातों से आखिर हासिल क्या हुआ ?

मोहब्बत-खुदा की इनायत

खुदा की हसीं इनायत है मोहब्बत
सबको यूँ ही ये नसीब नहीं होती
मोहब्बत वाले डरते नहीं किसी से
दिल की ये बात सब नहीं समझते
बड़ी मुश्किल से ही दिल मिलते हैं

कुर्बानी की ताकत सब नहीं रखते हैं
मुसीबतों से अगर गुजर जाएं दिल
तो भी ये इनायत रहती है बेअसर
पिंजरों में इसे रखा नहीं जा सकता
कोई बंधन में इसे बाँध नहीं सकता
जख्म के मुकामों से जब गुजरता है
मोहब्बत चोट कभी खाती नहीं है

मोहब्बत एक नगमा है

मोहब्बत एक अनमोल दौलत है
ये खुदा का ही खूबसरत नग़मा है

जिसको ये मोहब्बत हो जाती है
उसको शोखियों में डुबा देती है
दीवानों को बहुत बहका देती है
हर जगह,चीज़ में दिखने लगती है
अपने भी पराये लगने लगते हैं
हर जगह गुलशन दिखाई देती है
नज़र जहाँ डाली सब उनका जहाँ
मोहब्बत का होता है ऐसा ही नशाँ
हर वक़्त सुहाना, हर शाम सुहानी
हर रात बैचेन, हर बात गैर लगती

हर आंसू उनका एक मोती होता है
तन्हाई में जीना मुश्किल होता है
मोहब्बत यूँ दोस्त नसीब नहीं होती
कोई दौलत इसे खरीद नहीं सकती

कश्तियों को किनारा

कश्तियों को किनारा नहीं मिलता
भंवर , तूफ़ान में फसने के बाद

दीवानो को ठिकाना नहीं मिलता
वो नाज़ुक दिलों के टूटने के बाद

दीवाने तो मिट जाते हैं दुनिया में
मोहब्बत में तूफ़ान आने के बाद

फिर भटकती रूहें ढूंढती रहती
मोहब्बत को सदियों के बाद

सिर्फ आंसुओं की बरसात होती है
जब मिलते दीवाने सदियों के बाद

कोई लैला होती है तो कोई मजनू
कोई सीरी होती है तो कोई फ़रियाद

इन दिलों के जख्मों की गिनती नहीं
बने नहीं इसके लिए कोई अलफ़ाज़

ये सबसे हसीं नग्मा खुदा ने बनाया
जिसे दौलतमंत कभी न खरीद पाया

धुंध और कोहरा

धुंध और कोहरे में फर्क होता है
चाहत और इश्क में फर्क होता है

इंतज़ार, आमदे-दोस्त में फर्क होता है
रात के उजेलों, चांदनी में फर्क होता है
वादा, बात रखने में फर्क होता है
फर्क होता है दोस्ती और मोहब्बत में

फर्क होता है साहिल और किनारे में
फर्क होता है मंज़िल और तकदीर में
मगर जिंदगी और मौत के फ़ासिले तो
नफरतों से नहीं मोहब्बत से तय होते हैं
धुंध में कोई खोया, फिर मिलता नहीं
मगर कोहरे में ग़ुम होने में फर्क होता है
मुश्किलों और काविशों में फर्क होता है
मगर हारने की जीत में फर्क होता है !

वक़्त-ऐ-अजीज़

आज भूला हुआ वक़्त-ऐ-अजीज़ याद आ गया
उन ग़ुम शुदा शामों की दास्ताँ याद आ गयी

मेहरबानी उन शामों की क्या कहूँ दोस्तों
उन शामों की मीठी दास्ताएं याद आ गयीं

वो शर्माना, नज़ाकत से उनका वो मिलना
कनखियाँ से देख धीरे मुड़के मुश्करा देना

वो शोख अदाएं, नज़राना, जुल्फे लहराना
गुलाबी सर्दियों की शाम का था वो फ़साना

मुश्कराना, शर्माना, तिरछी नज़रों से देखना
रातों की नींद उड़ा ले जाने का भी फ़साना

उन दबे पैरों से आने की आहट का अहसास
इस धुंध में उनके वो खोये हुए निशाँ ढूढ़ता हूँ

यारों क्या बात थीं उन मोहब्बत भरी शामों में
जो अब चिराग ले निशाने-ऐ-इश्क ढूंढता हूँ

आज भूला हुआ वक़्त-ऐ-अजीज़ याद आ गया
उन गुजरी शामों की दास्ताँ को आज ढूंढता हूँ

अज़ीब फ़साना

प्यार का ये अजीब फ़साना है
ताने देकर भी उफ़ नहीं करते
ख़ुशी अगर छुप के आ जाती है
छीनते   पल में, शर्म नहीं करते

ये जुल्म सा लगता है कभी कभी
बेजार हूँ कि क्या मेरी खता है
जख्म पे जख्म क्यों दिए जातें हैं
पत्थर का हमें क्यों समझ लेते हैं
फ़रिश्तो, ये बड़ी न इंसाफ़ी   है
किस अहसान की सजा देते हो
मेहरबानियों पर ही   हूँ तुम्हारी
ये क्यों महसूस कराते हो मुझको
प्यार का ये तो अजीब फ़साना है
ताने दे दे क्यों मुझे सजा देते हो

ख़ुशी नहीं मुझसे

जब ख़ुशी नहीं मिलती मुझसे

तुम मुझे छोड़ क्यों नहीं देती
याद दिला दिला के वो बातें
क्यों आहत कर देती, लेती हो

बार बार बातों का वास्ता दे
दिल ग़म से भर क्यों जीतो हो
अगर इतना नामाकूल हूँ मै तो
मुझे याद ही क्यों करते हो तुम
अगर लगता , मैं तुम्हारा नहीं
फिर मेरा नाम ही क्यों लेते हो
इतना ही दिल क्यों दुखाते हो
क्यों नहीं मुझे ही भुला जीते हो

गुजरा वक़्त

कौन सा वक़्त है, जब तुम याद नहीं आये
वो कौन सी शाम जब तुम याद नहीं आये

बेवजह भी बजहें रही जब तुम याद आते रहे
बावस्ता-ऐ-दौरा क्या जब तू न याद न आये

तेरी कुर्बत में तल्खियां भी थी मगर याद आये
बेवफाई क्या थी, सोचता रहा, मगर याद आये

वो नग्मे, वो जज़्बात, फिर हर बात में रोते रहे
दिल पे जो निशाँ छोड़ गए, तो भी तुम याद आये
गुजरा वो वक़्त ये दिल कभी न भुला पाया
वो बातें जो गुजर गयीं दिल याद करता आया

खुदा की इनायत पे तेरा ही नाम नज़र आया
खफा-ऐ-दिल, फिर भी कहता मुझे प्यार नही आया

प्यार का तिलमिलाना

लेकर वो ये बैठे रहे दिल में
कि एक बेवफा से प्यार किया
प्यार के दौर को गुजरते देखा
पर कभी ऐतबार न किया

दर्द-ऐ-दिल उठता मगर अब
उसी दिल की कुर्बत थी
मगर गम-ऐ-दिल ले बैठे हैं
मुस्कराने की जुर्रत न की
मगर ये दिल अब धड़कता है
तो भी इंतज़ार है उसका
गाँठ दिल में पड़ गयीं है
रुस्वा न किया तकलीफों को
जब तू नहीं लिखता मुझको
बेवफा है तू, मुझे भुला रहा
औरों कि फरेब, गम, जख्म

तुझे घायल करते रहे कि
हर मोड़ से जब भी गुजरा
अंधियारे गम के दिखते रहे
रात की स्याही में छुप गए
फरेब, धोखे वहां ही रह गए
कुछ न बिगाड़ पाए चाँद का
तिल की तरह उसे नूर दे गए

तूने जिगर के टुकड़े कर दिए

तूने जिगर के टुकड़े कर दिए
कुछ नहीं बयां किया मैंने
तूने दिल को जख्म दिए
उफ़ तक नहीं किया मैंने

तूने मेरी तोहमत में इल्जाम लगाए
शिकवा तक नहीं किया मैंने
तूने मेरी मुस्कराहट छीन ली
खुद मायूसियों की गर्द लगा ली मैंने
तूने मेरी मोहब्बत तक को कोसा
गेम-ऐ-दिल को सीने में छुपा लिया मैंने
जब तूने सब हदें पार कर दी दिल की

न रोक सका तो बहा दिए आंसू मैंने
इसे नसीब समझ, माथा थोक लिया मैंने
मगर याद रखना तू, मेरे दिल ने
इसे मुकद्दर समझ ,छुपा रक्खा है

मदमस्त कहते हैं

पिए हुए बन्दे को मद मस्त कहते हैं
मयखाने की बोतल के पानी को शराब
गुजरे हुए कल को याद-ऐ-माज़ी
कमजोरी ऐब, होशियारी को हुनर

फूलों से, गुलों से लदे पेड़ों को चमन,
आशिक की गली को कू-ऐ-यार,
कुछ तेरी ताकत से बाहर महल,
जमीं को हुस्न न देख कर चले नाज़,
हुजूम में प्यार के दुश्मनों को हसद,
प्यार में घायल को गम-ऐ-मोहब्बत,
मोहब्बत से जलने वाले को अगियार,
प्यार में पागल को दीवाना कहते हैं

तू हसरतों से जीता है

तू हसरतों से जीता है
दिल में तमन्नाएं रख के जीता है
तू उल्फत से जीता है
दिल से मोहब्बत करके जीता है

तू जख्म खाता रहता है
फिर भी चोट सह के जीता है
तू ख्वाब देखता है
मगर हकीकत में रह के जीता है
तू खता भी करता है
पर इल्जामों से बच कर जीता है
वज्म निकलता जरूर है

मगर तू कू-ऐ-यार की गली जाता है

हुनर छुपा लेता है
मगर ऐब से बचकर रहता है
दाग-ऐ-दिल से बचता है
मगर यारों की नफरत से दूर रहता है

जब तक साँसों में रहती हो

जब तक तुम साँसों में रहती हो
मुस्कान बन चेहरे पे उतरती हो
अँधेरे में अगर तुम घुस गयी तो
वहां भी जा रौशनी कर देती हो

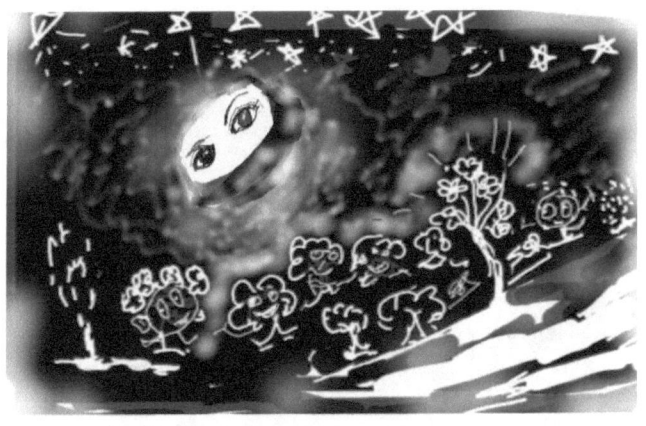

तुम उदासी को पहिचान कर
उसे भी दूर कर ख़ुशी देती हो
जब तुम वज्म में पहुंच जाती हो
मुहाल भी हलाल कर देती हो
चारगार बन निढाल दिलों की
गम-दीदा जिंदगी बसा देती हो
तुम खुदा का नायाब तोहफा हो
बड़ी मुद्दत से नसीब होती

दिल में मलाल क्यों

मलाल दिल में इतना क्यों हो
जब गुनाह कुछ किया ही नहीं
ख़ता है तो मोहब्बत ने की है
मोहब्बत खता है, मालूम नहीं

चमन में फूल देख तो परवाने
अगर दीवाने हो जाएँ तो क्या
गुलशन में ही आशियाँ बना ले
तो ख़ता उन दीवानो की क्या
ये मंडराना, दागे-दिल तो नहीं
गुल बेशक़ गुलशन की शान हैं
फितरत तो ये परवाने की है ही
हरकत ये मंडराने की करता है
पंखुड़ी पर दाग लग जाता है
जमाना गवाह है इस बात का

दोस्त मुहाफ़िज़ बनके कौन
गुलशन में फूल बचा पाटा है
परवाने तो अपनी फितरत से
कभी बाज़ न आये न आएंगे
ये मलाल फिर क्यों दिल में
जिंदगी भर बसाये रखता है

हुस्न का फरिस्ता

हुजूम लगा था फूलों के पास
आने जाने वाले एक नज़र
डाल ही देते, जानने को राज
चौंक रहे थे, देखकर ये बात

बेकरार थे, जानने को राज
आखिर क्यों नहीं मुरझा रहे
महीनो से, ये चमन के फूल
ये खुदा की ही इनायत होगी
यही समझ रहे थे ये लोग
हुजूम में थी ये फुसफुसाहट
ये नज़ारा कितना गजब था
ये नज़ारा कितना अजब था
ये जानने में मशगूल सब थे
तभी एक दीवाना नज़र आया
जो फूलों के पास रो रहा था
जो फूलों से जा कह रहा था

खुदा, अगर मेरी मोहब्बत में
तेरी ताकत है तो इस चमन के
फूल , मालिक, मुर्झाने न देना
हुस्न के फरिस्ते ने कुछ कहा
फूलों से, फिर गायब हो गया

मुझे मत आजमाओ

तुम मुझे न आजमाओ यारो
हर दिल में यूँ ही नहीं जाती
मख़सूसियत देख के ही जाती
जमाने का तो डर मुझे है नही
मगर जिंदगी बदल सकती हूँ

कत्ले-आम तक का डर नहीं
में ताज जमीं पे ला सकती हूँ
तालों का डर मुझे कभी नहीं
तहखानों को तोड़ भी देती हूँ
तूफ़ान भी मुझे डरा नहीं पाते
भंवर से भी निकल सकती हूँ
मैं मोहब्बत हूँ, मुझे न डराना
मुझे न आज़मा, खौफ न दिखा
मुर्दों में भी जान डाल सकती हूँ

क्या बात करते हो

क्या बात करते हो तुम
कि प्यार में कुछ होता नहीं
कभी तुमको प्यार हुआ हो
तब तो , पता चलता ना

दीवानो की दास्तां छोड़ो
कभी दीवानगी पे गौर किया
फरिस्ते उतर आते हैं
तुमने किसी पे ऐतबार किया
मैंने उठते तूफ़ा देखे हैं
लोगों को राख बनते देखा है
मैंने फ़ना होते देखा है
इश्क में तड़पते देखा है
तूफां से लड़ते देखा है
पर तुम क्या जानो ये सब

ना किया है ना करने दिया
प्यार, तुमको आता ही नहीं है
ये भी खुदा की मर्ज़ी से है
तुम्हारे लिए बना ही नहीं है
क्या बात करते हो तुम
कि प्यार में कुछ होता नहीं
कभी तुमको प्यार हुआ हो
तब तो, पता चलता ना

मैयत

मैयत जाते देख मेरी देख वो रो पड़े
तू वेसाख्ता चला जायेगा , कह पड़े

मैंने तुझसे तो बेइंतहा मोहब्बत की
दिल के बस गुबार निकाल लेती थी

मैं काफिर हूँ तेरी नुक्ताचीं की मगर
तेरा रूठके यूँ जाना मुझे गवारा नहीं

जिस्म की मैयत को मौत न समझ
रूह मेरे साथ खड़ी है बेखबर न बन

तू यूँ जुदा नहीं हो सकता मुझे छोड़
तेरी कुर्बत को में दफ़न न होने दूँगी

आतिश मोहब्बत की जला के न जा
विसाले-ऐ-यार ठुकरा के न आजमा

मैयत दिखा के अकेला मुझे न छोड़
तू मरहूम न कर, मेरी गैरत न छीन

निशेमन

तेरे निशेमन को यूँ देखता हूँ
पेड़ों पर बैठ वहां करता हूँ
डालियों पर ठिठुर के बैठता हूँ
ठण्ड में इंतजार तेरे निकलने का

ठंडी हवाएं यूँ तो गवारा नहीं हैं
पर   बैठने की जुर्रत करता हूँ
तेरे कूचे में पर खामोश बैठ के
पंख बंद रख इंतज़ार करता हूँ
मुझे तुझसे इतनी मोहब्बत है

मैं पाबंदी-ऐ-परवाज़ रखता हूँ
वादा-ऐ-वस्ल किया है तुझसे

कूचे-ऐ-यार में ही निशेमाँ मेरा
हवा की मौज़ों में बैठ बैठ के
विसाले-ऐ-यार का दम रखता हूँ

निशेमन = घोंसला, पाबंदी-ऐ-परवाज़ = उड़ने में पाबंदी , वादा-ऐ-वस्ल = मिलने का वचन, कूचे-ऐ-यार = यार की गली, विसाले-ऐ-यार = प्रियतम का मिलन

हुजूम में भी देख लेता हूँ

हुजूम में तुझे साफ़ देख लेता हूँ
कितनी भी छुपो पहिचान लेता हूँ

ये दिल को मालूम हो ही जाता है
मंज़िल कहीं भी हो भांप लेता हूँ

मौज़े-ऐ-बला कैसी भी क्यों न हो
ठहरी कहीं भी हो जान लेता हूँ

दोस्तों ये, वो ऐसी गजब रौशनी है
उजाले अंधेरों में फर्क नहीं करती

आज़िम इतनी कि खुदा ही समझे
गरीब अमीरी में फर्क नहीं करती

खुदा की ये वो अनमोल इनायत है
जो हर बन्दे को नसीब नहीं होती

ये उल्फत, इश्क, चाहत, मोहब्बत
बन ख़ास दिलों पर ही उतरती है

खुदा की ये वो अनमोल इनायत है
जो हर बन्दे को नसीब नहीं होती

महसूस करना है तो मिट के देखो
इसके बाद फिर छुप के तो देखो

मौज़े-ऐ-बला = भयानक लहर; आज़िम = महान

ख्वाब या दुनिया

ख्वाब पहले फिर दुनिया बनती
ख़्वाब छूने से, हकीकत बनती

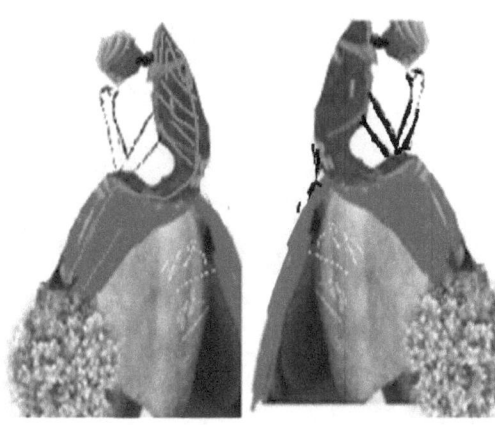

ख्याल दिमाग में पहिले आते है
तब ख्वाबों की तामील होती है

हकीकत में बदल जाये अगर तो
अपना नशेमन बना के रहते हैं

जो ख्वाब जमीं पर न उतर पाएं
वे ख्याल   ख्वाब ही रह जाते हैं

मगर अपने इरादे ऊंचे तो रखिये
उड़ने का दिल में ख्याल तो रखिये

खुदा की अंजुमन

खुदा की अंजुमन में
रूहों का हुजूम लगता है

हिसाब सबके पढ़े जाते
बैचेनी का माहौल रहता है

ग़मों, दागों को देखा जाता
रसद पढ़ तनाव दिखता है

हिसाब याद-ऐ-माज़ी का
रूहें गम से तड़प जाती है

रूहें की शक्लें नहीं होती
खुदा फिर जमीं पे भेजता है

उन्हें जिस्म में फिर भेजता
कर्मों के दीदार करवाता है

रूह वहां दिखती नहीं
उन्हें वो कतार में बैठाता है

खुदा फिर अपनी वज़्म में
उनका सबका हिसाब करता है

रूहों के हिसाब

रूहों के हिसाब होते हैं ऊपर
कर्मों का अंजाम देखा जाता है

जब उनका हिसाब नहीं मिलता
फिर नया हिसाब शुरू करता है

रसद का हाल ही अजब होता है
दागों का हिसाब अलग रखता है

ग़मों, दागों पे जन्म तय होता है
ये कर्मों को देख जमीं पे भेजता है

गरूर किस रूह का कितना है
रसद में कैद, सब हिसाब ऊपर

गवारा न अगर हो पाती सरहद
तो खुदा उसे गर्त में भेज देता है

गर्व अगर हो जाता सरहद में
खुदा उसे इंसां बना भेज देता है

मगर वज्म में हिसाब देना पड़ेगा
कुर्बत से उसकी गुजरना ही पड़ेगा

राह मुश्किल न कर

खुदा की राह में तू मुश्किल न बन
आकबत पहुंच हिसाब देना पड़ेगा

तू ये न समझ कोई देख नहीं रहा
वज्म में पहुंच, हिसाब तेरा होगा

तू ये न सोच किसी को पता नहीं है
गुनाहों को न छुपा, पछताना पड़ेगा

अगर तुझे मुझपे ऐतबार नहीं, ठीक
अपनी रूह पे ऐतबार करना पड़ेगा

उसकी निगाहें हर शख्स पर होती हैं
तू उस से कभी भी बच न सकेगा

उस अंजुमन में हिसाब सबका होगा
कितना भी बच ले, बयाँ करना पड़ेगा

खुदा की राह में तू मुश्किल न बन
आकबत पहुंच हिसाब देना पड़ेगा

आकबत = अंत, परलोक

दिल का माज़रा

ये दिल का माज़रा
समझ आता नहीं किसी के

कभी भी मचल उठता
परेशाँ कर देता है सभी को
जब बात कुछ भी नहीं होती
धड़कनें ऐसे हो जाती हैं
जैसे कोई बात हो गयी
महफ़ूज़ नहीं रह पाता ये
मायूस होता जाता है कभी कभी
ये दिल का माज़रा है
समझ कभी आता नहीं

www.ingramcontent.com/pod-product-compliance
Lightning Source LLC
LaVergne TN
LVHW041606070526
838199LV00052B/3006
9789353474003